나는 당신이 왜 이리 좋을까?

초판 1쇄 인쇄 2025년 3월 20일
초판 1쇄 발행 2025년 3월 28일
작가 양승민
출판사 마이다스북

* 마이다스북은 재노북스의 임프린트 입니다.

디자인, 제작 및 유통 재노북스
기획편집 윤서아 디자인 윤서아, 박예원, 김민지
콘텐츠사업 및 마케팅 이시은, 서성미, 임지수
작가컨설팅 서성미

펴낸곳 재노북스 출판등록 2022년 4월 6일 제2023-000076 호
주소 서울특별시 금천구 가산디지털1로 205-27 에이원빌딩 705호
대표전화 0507-1381-0245 팩스 050-4095-0245 이메일 dasolthebest@naver.com
블로그 zeno_books@naver.com
용지 한솔피엔에스 인쇄 으뜸피앤디

ISBN 979-11-93297-86-5(03810) 18,000원
· 파본은 구입하신 서점에서 교환해 드립니다.
· 이 책은 저작권법에 의하여 보호를 받는 저작물이므로 무단 전재와 복제를 금합니다.
· KC마크는 이 제품이 공통안전기준에 적합하였음을 의미합니다.

재노북스(zenobooks.co.kr)는 독자 여러분의 책에 관한 아이디어와 원고 투고를 기다리고 있습니다.
책 출간을 원하는 아이디어가 있으신 분은 재노북스 홈페이지 '원고투고'란으로 개요와 연락처 등을 보내주세요.

나는 당신이
왜 이리 좋을까?

프롤로그

사랑은 언제나 서툰 마음으로 시작됩니다.
어떻게 표현해야 할지 몰라 머뭇거리고, 때론 너무 솔직해서 상처를 주기도 합니다. 그럼에도 불구하고 우리는 사랑을 합니다. 설레는 첫 만남, 깊어지는 마음, 변하지 않을 것 같은 순간들, 그리고 언젠가 맞이하게 될 이별까지— 사랑은 우리의 삶을 채우고, 때론 비우며, 결국 또다시 믿게 합니다.

이 시집은 그런 사랑의 조각들을 담고 있습니다. 우연처럼 스며든 마음이 어떻게 피어나고, 그 속에서 우리는 어떤 말들을 삼키며, 어떤 기억을 품고 살아가는지를 한 줄 한 줄 적어 내려갔습니다.

어쩌면 이 시들은 당신의 이야기일지도 모릅니다. 어느 날 문득 떠오른 얼굴, 가슴속에 남아 있는 한마디, 손끝에 닿았던 온기, 그리고 잊지 못할 계절의 향기까지.

이 시들을 통해 당신의 마음 한편이 따뜻해지고, 어떤 순간에는 위로가 되며, 또 어떤 순간에는 설렘으로 다가가기를 바랍니다.

　나는 당신이 왜 이리 좋을까?
　그 답을 찾기 위해,
　오늘도 조용히 시를 적어 내려갑니다.

목차

프롤로그	4
작가소개	12
추천사	14

1. 마음을 짓다, 시를 짓다. 20

내 소원은
인연
내가 할 수 있는 것
화장
좋은 사람
환대의 이유
마음을 짓다, 시를 짓다
돼요
그건
행복한 시

2. 이토록 원했던 것들 34

우연
희망사항
언젠가 우리
관심
서투른 건
찻 잔
모르게
봄 비
이토록 원했던 것들

3. 다정한 말, 따뜻한 품　　　　　　　　　　48
달이 차올라요
자주는 아니어도
전화를 걸 때 필요한 건
쩔쩔
그러면 좋겠어요
그냥
그 끝에
생각나는 사람
숨
삼켜낸 말
당신의 품

4. 당신이라는 세계　　　　　　　　　　　　66
설명이 필요한 너에게
싫어서요
사랑한다는 것
두 번 서운하지 않도록
시로 쓰일 지금 이 순간
나는 당신이 왜 이리 좋을까?
당신만이
갖고 싶은 것
바램
빼빼로 데이
온통

5. 시간을 멈추고 싶은 순간　　　　　　　　86
　마음 문답
　특별히, 자주
　마음 주인
　푹
　윤슬
　모르겠어요

6. 따뜻한 기억들　　　　　　　　96
　드디어
　내 생에 봄
　괜찮다는 말
　시간 도둑
　사랑에 빠지면
　함께였으면 좋겠어요

7. 마음과 마음 106
이별공식
잊는다는 건
자니?
남은 것
비라고 쓰고 당신이라고 읽는다
나는 당신의 무엇이었을까
너였다.
내가 없는 너에게
참 어리석은
찾고싶은 말
탓

8. 특별한 순간 126
온통, 다
물음
표현
사랑을 하니
1~10
끄떡없지
얼굴을 떠올리면
자동 MOON

9. 나의 사랑에게 142

작은 손으로, 작은 품으로
내가 꽃이라면
사랑하는 것
하고 싶은 말
당연히
한 컷이면 돼요
매력발산 (부제: 나 벚꽃이야)
생각이 나더라
밤 산책

10. 당신이라는 계절 속에서 158

쓰임
대체 불가
너라는 계절
달 밤
봄의 유혹
오늘 하루
없어요
나는 따뜻한 사람이 될 거예요

에필로그 170

작가 소개

서툰 마음을 시로 적어 내려가는 시인입니다.
사랑을 표현하는 일이 쉽지 않지만, 그럼에도 불구하고
마음속 깊이 흐르는 감정들을 조심스레 꺼내어
한 줄 한 줄 써 내려갑니다.

삶 속에서 스쳐 가는 작은 순간들, 미처 담아내지 못한 감정들을
시로 엮어 누군가의 마음 한편에 잔잔한 울림이 되기를 바랍니다.
때로는 서툴러서 더 진솔한, 때로는 망설이다가 더 깊어진
그런 시를 통해 당신의 하루가 조금 더 따뜻해지기를 소망하며,
오늘도 조용히 사랑을 노래합니다.

추천사

우리는 사랑을 이야기하면서도 정작 사랑을 말하는 데 서툴고, 감정을 가득 품고 있으면서도 그 마음을 온전히 표현하지 못한 채 살아갑니다.

그러나 양승민 시인의 시들은 그런 우리의 서툰 마음을 대신해줍니다. 그가 한 줄 한 줄 적어 내려간 시어들은 사랑의 설렘과 그리움, 그리고 때론 아릿한 이별까지도 담담하게 어루만집니다. 이 시집을 펼쳐 들면, 어느새 잊고 지냈던 감정들이 되살아납니다.

누군가를 향한 애틋한 마음, 오래전 가슴속에 묻어둔 말들, 그리고 다시 사랑을 꿈꾸게 하는 따뜻한 순간들이 우리 곁으로 찾아옵니다.

그의 시에는 감성을 섬세하게 터치하는 힘이 있습니다. 삶을 깊이 사색하고, 순간의 결을 놓치지 않는 그의 시선이 독자들에게 새로운 감동으로 다가올 것입니다.

강점기반 커리어/진로 코치로 청년들과 함께 인생의 길을 탐색하며, 삶의 의미를 찾아가는 과정 속에서 저는 종종 시의 힘을 경험합니다. 짧은 한 줄의 시가 때로는 긴 인생의 답이 되기도 하고, 고된 하루를 위로하는 따뜻한 손길이 되기도 합니다.

양승민 시인의 이번 시집 역시 그러한 역할을 할 것이라 믿습니다. 뛰어난 감수성과 사색가의 강점을 발휘한 그의 첫 시집 발간을 진심으로 축하하며, 많은 이들에게 위로와 설렘을 전하는 책으로 사랑받길 바랍니다.

그의 시를 읽으며, 당신도 누군가를 떠올리고,
당신만의 사랑을 다시금 되새기는 시간이 되기를 바랍니다.

- 체인지업코칭경영연구소 대표코치 서성미

이 시집을 접하기 전에 빠지게 된 생각이 있습니다. 지금 내게 주어진 시간이 무한하다면, 혹은 늘 내 곁에 죽음이 함께 한다고 상상 해 본다면, 세상을 어떤 눈으로 담아야 할까. 사랑하는 눈으로 담아야 합니다. 내 마음을 이끄는 방향을 따라야 하고, 호기심을 갖고 자세히 봐야합니다.

하지만 산다는 것은 녹록치 않죠. 과거도 살펴야 하고 미래에 대한 걱정도 해야 잘 살 수 있을 것 같습니다. 어떤 태도가 나를 현재에 머무르게 하는지 알지만, 아는 것과 행동을 취하는 것은 또 다른 어려움이 따르죠.

 그럴 때 작가의 따뜻한 눈으로 세상을 바라보고 담는 이 시집을 읽으면 어떨까 합니다. 글을 읽는 것은 글쓴이의 마음을 내 마음에 담아보는 일이니까요. 자주 담다보면 닮아 갈 테니까요.

- 배우 김무건

"사랑하고 있고, 사랑하고 싶은 모든 이들에게"
『나는 당신이 왜 이리 좋을까?』는 마치 말을 건네듯 다정한 언어로 쓰인 시집입니다. 사랑은 특별한 순간에만 존재하는 것이 아니라, 일상의 작은 행동과 흔적 속에서도 빛난다는 것을 시인은 부드럽고도 진솔한 언어로 전해줍니다.

이 시집이 더욱 아름다운 이유는 사랑을 노래하는 것을 넘어, 세상을 바라보는 시인의 따뜻한 시선까지 담겨 있기 때문입니다. 어쩌면 무심코 지나쳤던 순간들이 그의 시 속에서 새로운 의미를 지니고, 우리가 놓쳐왔던 감정들이 다시금 선명하게 살아납니다.

사랑을 하고 있거나, 사랑을 알고 싶거나, 나아가 세상을 더 따뜻한 시선으로 바라보고 싶은 모든 이들에게 이 시집을 추천합니다.

- 크리에이터 바다해(바라는 거 다 해)

'그래도 결국은 사랑이야.'

사랑이 어색해지고 사치가 된 시대에서도 우리는 사랑을 찾아 헤메입니다. 손가락 몇 번 움직이면 전세계 모든 사람과 연결 될 수 있는 세상이지만, 내 옆의 사람에게조차 마음 한 켠을 내주기 어렵다는 생각을 종종 합니다.

한 해 한 해 마음에 나이테를 그으며 상처받기 싫어 못난 마음만 커져가니 다른 누군가를 채우고 이해 할 공간은 좁아지기만 합니다. 능숙하지 않은 우리가 조금 더 따뜻해지면 못난 마음이 녹아내릴텐데.

시를 읽다보면 그녀의 따뜻한 시각으로 함께 사랑을 바라보게 됩니다. 시 속에는 불온한 마음을 배려와 이해로 바꿀 수 있는 힘이 분명하게 존재합니다.

글을 읽으며 생각나는 사람이 있다면, 서툴지만 예쁘게 바라보고 싶어질거에요. 그녀를 만나 사랑의 의미를 다시 배우게 된 것처럼 이 책을 접한 당신도 터널속을 걷는 것이 아닌 '밤 산책'하는 마음으로 사랑할 수 있기를 바랍니다.

아주 보편적이고 아주 특별한 감정 [사랑]
단어를 입밖에 내기조차 어색하지만
우리가 가장 원하는 건, 결국 사랑이잖아요.

당신의 온건하고 특별한 사랑을 위해, 두고두고 꺼내 볼 지침서가 될 거에요.

- 순환 테라피스트 스트레칭 강사 강민채

1.
마음을 짓다, 시를 짓다.

내 소원은

'찾아간 식당마다 밥이 맛있게 해주세요'
'무슨 일이 생기거든 내게 제일 먼저 전화걸게 해주세요'
'사랑하는 사람에게 맛있는걸 사줄 수 있도록 돈 많이 벌게 해주세요'
'슬픔을 막을 순 없지만 잠시만 머물다 금새 사라지게 해주세요'

언제부턴가 터무늬 없는 소원보단 그럴싸한 소원을 빌게되었다.
신이 이뤄주지 않으면 스스로 이룰 수 있도록 노력할것 같았다.
기적은 쉽게 일어나지 않으니까.

보름달이 떴을때,
밤하늘에 유독 반짝거리는 별을 발견했을때,
그리고 생일케이크 촛 불 앞에서 줄곧 소원을 빌곤한다.

또렷하게 이루어질 수 있도록.

인연

어색한 인사가 오가고
어색한 공기가 맴돌고
시간을 반복하다 보면

어색하지만 아는 사이가 되고
그렇게 세월이 흐르면
서서히 우리에 포함된다.

내가 할 수 있는 것

안녕하세요
어서 오세요
얼마나 머물진 몰라도
지내는 동안은
다정히 지내면 좋겠어요.

특별히 가진 것이 없어
내 몸에 달린
두 팔을 흔들며
입꼬리를 올려
반가움을 표현해요.

시간 지나 헤어질 때면
돌아서는 뒷모습이 아쉬워도
내 몸에 달린
두 다리로 배웅할게요.

안녕히 가세요.
반가웠어요.
고마웠어요.
잘 지내세요.

화장

"화장 좀 하고 살아."

난 재능이 없어.
꾸밀수록 더 어색해지고,
손댈수록 촌스러워져.

그래서 시를 쓸 때도
그 순간의 느낌 그대로,
덧칠 없이 남겨둔다.
어설퍼도, 투박해도
그게 나니까.

예쁘게 꾸밀 줄 몰라도,
진심은 숨기지 않는다.
나는 그냥,
있는 그대로 나를 써 내려간다.

재능이 없어서.

좋은 사람

많은 사람에게
좋은 사람이라 불리려면
드러나게 좋은 일을 하면 된다.

그러나 꾸며진 모습으로 얻은
좋은 사람이라는 찬사는
옷을 벗는 순간 내 것이 아니다.

나를 알아봐 주는 사람을 만나면
특별히 애쓰지 않아도
자연스레 좋은 내가 되어 있다.

환대의 이유

반갑게 맞이하는 건
당신을 기다렸다는 것.

반가운 당신을 만난 이 순간
행복이 번져 가고 있음이
환한 미소에 드러나는 것

특별한 말을 하지 않아도
특별한 것을 하지 않아도

그저, 당신과 닿고 있음에
감사하고 행복한 것.

마음을 짓다, 시를 짓다.

울퉁불퉁
고르지 않은 마음속에서
유독,
도드라지는 감정을 살핀다.

어디서 나타난 마음일까
어디를 향하는 마음일까
어디에 닿고 싶은 마음일까

이 시는
토로하는 일기장
이 시는
생각의 끝에 내려진 마음 관찰 보고서
이 시는
그대에게 바치는 고백편지

돼요

무슨 일이 생기거든
언제든 연락해도 돼요.

서운한 마음이 들거든
혼자 끙끙 앓지 말고
내게 솔직하게 표현해도 돼요.

하고 싶은 일이 생기거든
내가 어떻게 생각할지
지레짐작하지 말고
편하게 말해줘도 돼요.

그대의 마음도
그대의 생각도
그대의 상황도
그대로 알고 싶어요.

나, 그래도 돼요?

그건

이름이 궁금한 건
당신이 알고 싶은 것이고

눈을 마주 보는 건
당신과 소통하고 싶은 것이고

손을 잡고 싶은 건
당신과 함께하고 싶은 것이다.

그건
모두 다
갑자기 일어나는 것이다.
한 치 앞은 생각지도 못한 채
그렇게 갑자기..

행복한 시

행복한 내가 말했다.
_큰일이야. 너무 행복하면 시가 안 써지는데..
우울의 끝에 시가 나왔는데 말이야.

그런 나를 사랑스럽게 바라보는 당신이 답했다.
_이제 행복한 마음으로 시를 쓰면 되겠네.
읽는 사람도 행복해지도록 말이야.

마음을 짓다, 시를 짓다.

울퉁불퉁
고르지 않은 마음속에서
유독,
도드라지는 감정을 살핀다.

어디서 나타난 마음일까
어디를 향하는 마음일까
어디에 닿고 싶은 마음일까

이 시는
토로하는 일기장
이 시는
생각의 끝에 내려진 마음 관찰 보고서
이 시는
그대에게 바치는 고백 편지

마음을 짓다, 시를 짓다.

2. 이토록 원했던 것들

우연

우연을 좋아한다.
우연이 반복되어 이어지는 걸 좋아한다
약속하지 않고 일어난 우연을 만날 때
반갑고 신기하고 아름답다.

기대 없이 만난 당신에게서
반짝이는 무언가 발견하고는
한참 설레어 발을 동동 굴렸다.

지금도 예상치 못한
우연한
생각들이 떠오를 때
모든 것을 멈추고 기록한다.

이 한 편의 시가
당신에게도 우연으로 닿았으면 좋겠기에.

희망사항

그대에게 갈 때
맨발로 뛰어가지 않을게요

그대에게 갈 때
만사 제쳐두고 가지 않을게요

그대에게 갈 때
불규칙한 맥박으론 가지 않을게요

여유롭고 차분하게
그대에게 가고 싶은 내 희망사항 이에요.

언젠가 우리

다정한 목소리로 인사를 건네요.
그대의 등장은 반가움에 미소 짓게 만들어요
고단한 일상 속 편안한 쉼터가 되고 싶어요

서로가 서로에게 서로가 되는
그 언젠가를 기다리며
언제 올지 모르는 그대를
설레는 마음으로 기다립니다.

언젠가 우리
만나게 된다면
다정한 인사로 시작하면 좋겠어요.

함께하는 시간이 찰나일지라도
그대 내게 와준다면 더 바랄 게 없어요.

관심

그대의 틀안에 속하고 싶어요
그대의 시선에 머물고 싶어요.

공기가 답답해
벗어나고 싶어질지라도
나 그대 마음에 앉고 싶어요.

서투른 건

투박한 마음이 나를 향해 걸어오네요
그대를 향한 마음은 처음이라
미처 닿지 못할까봐 걱정이에요

어제보다 오늘 더 깊어져서
이 깊이를 가늠할 수 없어서
어떻게 해야 할지 모르겠어요

처음 본 내 모습이 어색한데
이런 나를 보는 그댄
어떤 생각을 하고 있을까요?

다른 곳에서는 이렇게 긴장하지 않아요
다른 사람 앞에서는 말을 더듬지 않아요
뚝딱거리는 나를 이해할 수 있나요?

이 모든 게 조심스러워서 그래요
이 모든 게 서툴러서 그래요
그러니 예쁘게 바라봐 줘요.

찻 잔

금세 보고파 졌는지
품 속으로 안긴다

항상 같은 자리에서
우직하게 기다리고 있음이
멋지기도 하다.

곧 돌아올 것을 알고 있나 보다.

모르게

아무도 모르게 시선이 닿았습니다.
누구도 모르게 마음에 담았습니다.
자신도 모르게 사랑을 하고 있었습니다.

사랑은 그런 것 같습니다.
소리 없이, 예고 없이, 설명 없이
얼마나 깊은 줄도 모른 채
이토록 절절할 줄 모른 채.

아무도 모르게
누구도 모르게
자신도 모르게
사랑하고 있었습니다.

봄비

당신이 온다는 소식에
마음이 설레어요.
두근거려요.

창가를 톡톡 두드리는 빗소리에
기다림이 한층 더 깊어져요.

오늘 이 비가 내리면
우리의 날씨가 좀 더 포근해질까요?
오랫동안 추위를 견뎠거든요.

부드럽게 스며들어
차가운 바람까지 데려가 줘요.

어서 촉촉하게 적셔주세요.

이토록 원했던 것들

평소라면 지나쳤을 순간도
당신과 함께하면
특별한 순간이 돼요

단순한 식사 한 끼도
당신과 함께 먹으면
즐거운 마음이 더해져
맛있는 시간이 돼요

차 한 잔과 달콤한 디저트
그리고 당신이 더해지면
저절로 미소가 지어지는
낭만이 가득한 자리가 되죠

그간 쌓아온 외로움이
그간 사무친 그리움이
그간 고독한 시간들이
다 - 다 -
그만하면 되었다며
따스하게 안아주네요.

이토록 원했던 것들이
당신을 만나 이뤄지다니요.

모르게

아무도 모르게 시선이 닿았습니다.
누구도 모르게 마음에 담았습니다.
자신도 모르게 사랑을 하고 있었습니다.

사랑은 그런 것 같습니다.
소리 없이, 예고 없이, 설명 없이
얼마나 깊은 줄도 모른 채
이토록 절절한 줄 모른 채.

아무도 모르게
누구도 모르게
자신도 모르게
사랑하고 있었습니다.

이토록 원했던 것들

3.
다정한 말, 따뜻한 품

달이 차올라요

이른 저녁,
하늘을 올려다보면
어제보다 조금 더 차오른 달이 보여요.
어제의 달도, 그제보다 더 차오른 달이었는데…

고개를 치켜든 채
한참을 바라보았죠.
그렇게 오래 올려다보면서도
조금도 버겁지 않았어요.

그러다 문득 생각했어요.
내 마음도 차오르고 있음을,
당신도 알고 있을까요?

당신도 볼 수 있으면 좋겠어요.

내가 달을 향해 한없이 바라보는 것처럼.

자주는 아니어도

살아가다 문득
내가 떠오르거든
안부를 물어봐 줄 수 있나요?

자주는 아니어도 괜찮아요.
갑자기 찾아오는 연락이어도
반가워 미소 짓게 되잖아요.

기쁜 일을 자랑하고 싶을 때
슬픈 일을 덜어내고 싶을 때
내가 떠오르거든
용기 내어 찾아줄 수 있나요?

매일 닿는 만남이 아니어도
그대의 중요한 순간에 함께이면
그만큼 귀한 시간이 없잖아요.

자주는 아니어도
문득 생각나는 순간을
흘려보내지 않고
잠시 머물다 갔으면 좋겠어요.
그러면 정말 좋겠어요.

전화를 걸때 필요한 건

무슨 일은 없지만
전화를 걸어요.

- 여보세요
맞아요. 이 목소리
듣고 싶었어요.

할 말은 없지만
아무렴 어때요.
이 목소리를 들으려고
얼마나 용기를 냈는데요.

용건은 없어요
당신이 전부에요.

쩔쩔

너를 사랑하면 할수록
단단했던 내가 물렁해지고,
일상이 소심해지고,
자꾸만 예민해져.

내 맘대로 널 가질 수 없어서
승질나고 짜증나고,
자꾸만 찌질해져.

세상에서 내가 제일 소중한데,
내 세상에서는 네가 제일 소중해서
쩔쩔매고 있어.

그러면 좋겠어요

맛있는 음식을 먹을 때
자연스레
내가 떠오르면 좋겠어요

재미있는 영상을 볼 때
자연스레
내가 떠오르면 좋겠어요

좋은 음악을 들을 때
자연스레
내가 떠오르면 좋겠어요

함께 있지 않아도
하루 종일
마음속에 생각 속에
함께이면 좋겠어요

내겐 당신이 그렇거든요.

그냥

이유를 찾고싶었다.
생각에 큰 비중을 자리잡고 있는 이유를.

당신의 관련된 모든질문의 답은 그냥이였다.

그 끝에

수많은 생각들이 거쳐간다
지나간 어제에 대한 아쉬움과
다가올 내일에 대한 두려움과
그리고 당신에 대한 그리움

어쩌면
그 모든 생각에 이름을 붙이면
다, 당신인 것 같아.

사실은
그 모든 생각의 종착지는
다, 당신이야.

늘,
생각의 끝은 당신이더라.

지나온 날의 아쉬움도 어쩔 수 없고
다가올 날의 두려움도 어쩔 수 없고
지금 보고 싶은 마음도 어쩔 수 없더라.

생각을 하다 보니 보고 싶네.

목소리라도 듣고 싶어
핸드폰을 들어
전화를 걸어본다.

이것 봐,
또 당신이잖아.

생각나는 사람

어둑해진 밤길에
오다 넘어지진 않을까
걱정되는 마음 안고 마중을 나간다

보고 싶은 내 님 언제 오시려나 기다리다 보면
활짝 핀 꽃이 나를 향해 점점 더 가까워진다.

못 본 사이 더 예뻐졌네 하며
품 속으로 안았더니
당신도 보고 싶었다며
더욱 깊숙이 안겨온다.

이렇게 사랑스러운 당신이
눈앞에 있어도 아른거린다
시도 때도 없이 생각이 난다

당신이 그렇다.

숨

누군가의 날선 말이
태풍처럼 불어와
죽어라 죽어라 하며
박혀있던 뿌리마저 뽑아
결국 쓰러트리네.

이 세상 살아갈 이유를 잃고
이 세상 나아갈 방법을 잃고
이 세상 의미를 잃어버린 내게
님은 그저
이대로도 괜찮다 말해오네.

서서히 죽어가던 내게
잠은 잘 잤나, 밥은 잘 먹었나
때마다 찾아오는 님의 연락
숨이 담긴 말들이
살아라 살아라 하네.

님의 바램
내게 닿아
죽어가던 한 생명의
숨이 살아나네.

나를 살린 님이여,
오래도록 머물러주오
숨 쉬는 나를 지켜봐 주오.

삼켜낸 말

널 보내고 싶지 않은 밤이었다
밤새도록 품에 안기고 싶다는 말이
입안에서 맴돌고 맴돌았다.

하늘에 뜬 저기 저 달이
유난스럽게 예쁜 밤이었다.
달 빛 아래 발 걸음을 옮길 때마다
한시도 곁을 떠나지 않겠다 말해주듯
그렇게 서로에 눈 속에 온전히 담겨있었다

눈 깜빡이는 찰나도 아쉬워
밤새도록 함께이고 싶은 마음뿐이었다.

아직 남은 일들을 내일의 우리에게
완전히 미루고 싶은 밤이지만
머릿속 생각들이 버거워
한참을 끙끙 앓으며
타들어가는 마음을 겨우 삼켰다.

널 보내고 돌아서니 그토록 뜨거웠던 몸은
몸서리칠 정도로 차갑게 식었고
어렵게 삼켜낸 말이 체한 듯
소화가 더디고 더뎌

잠들기 힘든 밤이었다.

당신의 품

하루의 피로가 가득 쌓여있는 퇴근길
포근한 이불 속에서 새근 새근 잠들고 싶어요.

차가워진 마음이 녹아내리는 따뜻한 온기에
나도 모르게 참아온 한숨을 내뱉어요.

오늘을 버틸 수 있는 이유도,
내일을 살게하는 이유도
당신의 품에서 편안히 쉬었기 때문이죠.

당신의 품

하루의 피로가 가득 쌓여있는 퇴근길
포근한 이불 속에서 새근새근 잠들고 싶어요.

차가워진 마음이 녹아내리는 따뜻한 온기에
나도 모르게 참아온 한숨을 내뱉어요.

오늘을 버틸 수 있는 이유도,
내일을 살게하는 이유도
당신의 품에서 편안히 쉬었기 때문이죠.

다정한 말, 따뜻한 품

4.
당신이라는 세계

설명이 필요한 너에게

너에 대한
출발점을 찾아달라 말하는 너에게,
이유를 찾아달라 말하는 너에게,
도착점을 물어오는 너에게,
듣고 또 들어도 계속 궁금해하는 너에게.

알고 있는 모든 언어로 말해주었다.

할 수 있는 모든 행동으로 보여주었다.

지금 내 삶은
온통 너로 흔들리고,
온통 너로 설레고,
온통 너로 물들고 있다고 답해주었다.

그래도 또 물어온다면,
새로운 언어로 또 답해줘야지.

네가 또 묻고 싶도록.

싶어서요

가만히 그 시선이 머무는 곳으로
따라가봅니다.
같은 것을 보고 싶어서요.

접해본 적 없는 음식을 맛있게 먹는
모습을 보고는
한젓가락 조심스레 입안에 넣어봅니다.
어떤 맛이기에 먹는 모습이
저리도 사랑스러울까 궁금해서요.

흥얼거리는 소리에 귀 기울이다
그 음악에 관심을 갖습니다.
모든 가사가, 멜로디가,
우리 이야기 같아서요.

즐겨본 프로그램을 기억해뒀다가
혼자 있을 때 찾아보곤 합니다.
이야기를 나누고 싶어서요.

그대에게 닿고
그대에게 물들고
그대를 담고
그대를 닮고
그러고 싶어서요..

사랑한다는 것

아침에 눈 뜨면 당신의 안녕이 궁금해
잘 잤는지 물어보는 것

추운 날씨에 감기 걸리지 않을까
당신만의 핫팩이 되어 주고 싶은 것

예쁜 것을 발견했을 때 찍어두었다가
당신에게도 보여주고 싶은 것

마음이 힘들 때 목소리에 안겨
포근하게 토닥여지고 싶은 것

당장 볼 수 없다는 걸 알지만
보고 싶은 마음을 표현하는 것

시간 될 때 마음을 쓰는 게 아니라
사랑하기 때문에 먼저 마음을 쓰게 되는 것

사랑한다는 것은
핑계가 통하지 않는 것.

두 번 서운하지 않도록

어려운 부탁을 해도 될까요?
서운한 마음이 들거든
마음속 이야기를 들려주세요
두 번 서운하지 않도록
그 마음을 안아주고 싶어요.

서운한 마음이 든다는 건
좋아하고 소중히 여기는 만큼
감정이 생긴 걸 테니
제게도 들려줄 수 있나요

부끄러울 테죠.
굳이 말해야 하나 싶죠.

어렵겠지만 들려준다면
소중하고 귀한 당신께
앞으론 먼저 조심할게요.

한 번 서운한 감정이
두 번 서운해지지 않도록
그 마음을 지키고 싶어요.

시로 쓰일 지금 이 순간

이 시는
찰나의 순간을 사진으로 남기듯
영구저장하고 싶어 쓰게 된 시

달달한 핫초코와
쓰디쓴 커피가 놓인 테이블 앞에서
그리웠던 당신의 손 마주 잡고
옆에 앉은 내 님 모습 깊이 새기고 싶어
뚫어져라 쳐다본다.

얼마 못가 마주친 눈,
당당히 쳐다보던 그 용기는 어디 갔나
부끄러워 허공으로 시선을 돌려본다.

어찌하여 이토록 빠졌을까..
어떻게 이리도 보고플까..

횡단보도 초록불을 기다리는 찰나에도
허기를 채워줄 음식을 기다리는 찰나에도
맞잡은 두 손이 잠시라도 놓칠세라 서로를 찾는다.

쇼콜라 퐁당만이 고당도라 여겼는데
당신에게 퐁당 빠져 그 새를 못 견디고
꿈속에서도 내 님을 찾아가네.

나는 당신이 왜 이리 좋을까?

만나고 돌아서면
바보처럼 헤실헤실 웃게 돼.
그 순간마저 좋은가 봐.

헤어질 때 당신의 품속에 가두곤
귓가에 사랑한다 말해줄 때면
마치 몽글몽글 솜사탕이 녹아내려
입안까지 도달하는 기분이랄까

세상에서 가장 재미있는 코미디를 보는 것처럼
나를 향해 웃을 때 당황스러워.
보통 무서워하고 당황하고 매워할 때거든.
그런데 당신은 귀여워 서래.
하. 그럴 리가
하지만 당신의 웃음소리와 웃는 모습은 참 좋아.

지금처럼 좋아 죽을 것 같을 때,
이대로 시간이 멈추면 좋겠을 때,
좋다 못해 벅차올라 감당하기 어려울 때,
스스로에게 질문하곤 해.

나는 당신이 왜 이리 좋을까라고.

당신만이

보고 싶다고 말하니
한걸음에 달려오면
설레잖아요

내 생각이 났다며
초콜릿을 건네면
달달하잖아요

당신만이 내 우주
당신만이 내 행복
당신만이 내 설렘

이토록 특별할 수 없어
이보다 소중할 수 없어
당신만이 내 세상

갖고 싶은 것

내 휴대폰은 언제나 무음
자꾸 들여다보게 돼.
지금 뭘 하고 있을까?
내 메세지, 읽었을까?
혹시 귀찮아졌을까?
아. 여유를 갖고 싶어.

개발자는 왜 1은 만들어서 애타게 하는 건지
대왕 만능 지우개가 있다면 쓱쓱 지워버리고 싶어
여유를 갖고 싶어.

단답이라도 오면
어떻게 이어갈지 고민해.
사실 하고 싶은 말,
묻고 싶은 게 너무 많아.

그래, 솔직히 말할게.
그냥 네가 궁금해.

너로 가득 차서
다른 건 할 수 없어.
여유를 갖고 싶어.
여유를 갖고 싶어..

한참 망설이다가도
성큼 다가가고 싶어.

여유를 갖고 싶어.

너를 갖고 싶어.

바램

이 눈이 그치면
보고 싶은 마음도
그쳐질까요?

이 겨울이 끝나면
얼어붙은 몸도
시린 마음도
녹을까요?

온기가 필요해요.
그저 그런 마음으론 부족해요.
이 겨울도, 이 눈도 어쩔 수 없다면
당신의 품에 나를 가둬주세요.

빼빼로 데이

빼곡하게 진열된 빼빼로들을 바라보다가
평소에 감춰둔 마음을 표현해야겠다고
결심하게 만든 이가 떠올라
나도 모르게 배시시 웃음이 새어나온다.

달콤한 초콜릿이 입안에 들어오면
천천히 녹아내리며
마음까지 사르르 녹아내리길.

바삭한 과자가
와삭와삭 부서질 때마다
오돌토돌 올라온 스트레스도
함께 부서지길.

상술이라는 걸 다 알면서도
오늘만큼은
내 돈 주고 사 먹고 싶지 않은
오늘은 바로 빼빼로 데이.

온통

무엇이든 가득 차야
만족이 되었어.
조금이라도 비면
서운하고 서럽기도 했지

각자 채워진 삶을 안고
함께하면서도
메꿔지지 않는 빈틈을 만날 때면
가끔 서운했고, 가끔 외로웠어.

그런데 말야.
온통 너로 채워진다는 건
지금껏 쌓아온 나를
조금씩 내어주고,

조금씩 받아들이며
서서히 물들어가는 거더라.

고유한 너를 지키고
고유한 나를 드러내며
어느새 '우리'가 되는 것

온통 너를 알고 싶어.

온통 너로 물들고 싶어.

사랑한다는 것

아침에 눈 뜨면 당신의 안녕이 궁금해
잘 잤는지 물어보는 것

추운 날씨에 감기 걸리지 않을까
당신만의 핫팩이 되어 주고 싶은 것

예쁜 것을 발견했을 때 찍어두었다가
당신에게도 보여주고 싶은 것

마음이 힘들 때 목소리에 안겨
포근하게 토닥여지고 싶은 것

당장 볼 수 없다는 걸 알지만
보고 싶은 마음을 표현하는 것

시간 될 때 마음을 쓰는 게 아니라
사랑하기 때문에 먼저 마음을 쓰게 되는 것

사랑한다는 것은
핑계가 통하지 않는 것

당신이라는 세계

5.
시간을 멈추고 싶은 순간

마음 문답

마음의 크기를 물으면
내 몸보다 커서
가늠할 수 없다고 답했다..

없어도 괜찮냐고 물으면
겪어본 적 없어서
잘 모르겠다고 답했다.

사랑하냐고 물으면
그 마음이 정점인듯하여
잘 모르겠다고 답했다.

정점이 온점이 되고
곁에 더는 없을 때,
아니어도 괜찮아진 그때,
비로소 답할 수 있지 않을까.

특별히, 자주

특별히 하고 싶은 말은 없지만
네 목소리를 자주 듣고 싶어.

특별히 하고 싶은 건 없지만
네 얼굴을 자주 보고 싶어.

특별히 먹고 싶은 건 없지만
같은 식탁에 앉아
무엇을 먹든 맛있을 음식을
너와 자주 나누고 싶어.

특별한 이유 없이도,
특별한 날이 아니어도,
그저 너와 함께하는
평범한 순간들을
자주, 오래 곁에 두고 싶어.

마음 주인

그려도 그려도 끝이 없네.
전하고 싶었던 말들이
공중을 떠돌 뿐이네.

잡을 수도,
다 전할 수도 없는 말들.
결국은 내 안에서 맴돌고만 있네.

보이지 않는 이 마음은
말로는 다 닿을 수 없으니
어쩌면 그저 느끼는 수밖에.

이 모든 마음과 말들은
당신만이 가질 수 있네.

푹

특별히, 너의 무엇이 되고 싶어지고,
특별한, 나의 무엇이 되어버렸다.

마음에 서로를 담으니
틈없이 가득 찬 우리가 되었다.

윤슬

호기심 가득한 눈빛으로
바라볼때면
그 시선에서 벗어날 수 없는
수줍은 소녀가 되.

흐르고 흘러서 우리는 무엇이 될까?

눈을 뗄 수 없이 반짝반짝 빛나는구나.
이대로도 충분하다.

모르겠어요

만나서 뭘 할지
잘 모르겠어요.

만나서 뭘 먹을지
잘 모르겠어요

만나서 뭘 마실지
잘 모르겠어요

그저 당신을 만난다는
이것 하나면,
모르겠어도
다 괜찮아요.

모르겠어요

만나서 뭘 할지
잘 모르겠어요.

만나서 뭘 먹을지
잘 모르겠어요

만나서 뭘 마실지
잘 모르겠어요

그저 당신을 만난다는
이것 하나면,
모르겠어도
다 괜찮아요.

시간을 멈추고 싶은 순간

6.
따뜻한 기억들

드디어

지난날의 아픔을 말하면
끝까지 들어주고,
이야기의 끝자락에서
내게 손을 내밀며
— 이제는 행복하게 지내자
말해주는 당신을 만났습니다.

체온이 내려가
몸이 차가워질 때면,
두 배로 따뜻한 마음을 가진
당신을 만났습니다.

나로 인해 많은 것을
배우며 살아가고 있다지만,
더 많은 것을 가르쳐준
당신을 만났습니다.

오래도록
소소한 행복으로
앞날도 함께하고 싶은
당신을 만났습니다.

내 생에 봄

서로 마주 보며 눈으로 대화하는 순간들이 있다.
당신의 눈빛에서 나를 향한 따뜻함이 느껴지고,
당신을 바라보는 내 시선에
존경과 감사, 그리고 사랑을 담는다.

순간순간에
생각지도 못한 행복을 마주할 때마다
온 몸에 따뜻함이 스며든다.

서로에게 물들어간다.
서로에게 서로가 되어간다.
보듬어주는 사이가 되어간다.
이렇게 서서히 우리가 되어가는구나.

정말로 내 삶에도
따뜻한 봄이 찾아왔다.

괜찮다는 말

고요가 찾아오는 말.
안정이 깃드는 말.
먹구름이 가득 찬 마음에 햇살이 스며드는 말.
멈춰있던 시간에 초침이 움직이는 말.
불안정한 심장을 포근한 품으로 이끄는 말.
오들오들, 추운 날의 따뜻한 국물 한 모금 같은 말.
어둠 속 희망의 빛줄기 같은 말.

당신의 괜찮다는 말은,
내 곁에 당신이 있다는 말.

당신의 괜찮다는 말은,
나를 응원하고 있다는 말.

당신의 괜찮다는 말은,
나를 사랑한다는 말.

시간 도둑

많이 보고 싶어서 일찍 만났는데,
왜 벌써 하루가 끝나가죠?

도둑이 들었나 봐요.
시간 도둑이요.
그래도 다행인 건,
가장 소중한 행복감은 그대로 남아있네요.

사랑에 빠지면

사랑에 빠지면 불안해져.
처음 보는 내 모습이 낯설어서
처음 보는 내 감정이 부끄러워서
말랑말랑한 복숭아처럼
조금이라도 상처받아 상하게 될까 봐.
마음에 여유가 없어져.

사랑에 빠지면 소심해져.
사소한 것 하나하나
의미를 부여하게 돼.

근데,
사랑에 빠지면 소중해져.
별것 아닌 일상이
한 번도 겪어본 적 없는 것처럼 느껴져.

그래서 나는,
용감해질래.
솔직해질래.
결국, 상처를 받게 된다 해도.

함께였으면 좋겠어요

하늘에 구멍이 뚫린 것처럼
비가 억수로 쏟아지는 날엔
당신과 함께였으면 좋겠어요.

날씨가 흐린 날보다
맑고 깨끗한 날엔
밥에 김 한장 차려진 조촐한 밥상이라도
함께라면 그저 맛있게 먹고 싶어요.

유난히 더운 날엔
시원한 아이스크림을 함께 먹었으면 좋겠어요.

살면서 편견이 깨지는 순간이 있잖아요.
지금까지 정답이라고 여겼던 모든 게
와장창 무너지는 순간 말이에요.

나는 그런 순간을
당신과 함께 나누고 싶어요.

함께였으면 좋겠어요

하늘에 구멍이 뚫린 것처럼
비가 억수로 쏟아지는 날엔
당신과 함께였으면 좋겠어요.

날씨가 흐린 날보다
맑고 깨끗한 날엔
밥에 김 한장 차려진 조촐한 밥상이라도
함께라면 그저 맛있게 먹고 싶어요.

유난히 더운 날엔
시원한 아이스크림을 함께 먹었으면 좋겠어요.

살면서 편견이 깨지는 순간이 있잖아요.
지금까지 이것이라고 정했던 모든 게
와장창 무너지는 순간 말이에요.

나는 그런 순간을
당신과 함께 나누고 싶어요.

따뜻한 기억들

7.
마음과 마음

이별공식

그동안 고마웠어,
그리고 미안했어.

끝맺음의 말을 두고
뒤돌아 걸어갈 때부터
진짜 이별은 시작된다.

벌써 힘들다.
개운한 것도 짜증 나고
억울한 것도 짜증 나고
저 앞에 심어진 나무도 짜증 나.

그동안 꺼낸 불만들은
네 잘못이 아니야
이해하지 못한 내 잘못이야

사실 누구의 잘못도 아니야
우린 스치는 인연이었던 거야

내 머릿속을 걸어 다니는
커다란 너의 존재가
조금씩 작아지기를..
그러다 사라지기를..

커다란 너의 존재가
내 머릿속을 틈 없이 걸어다닌다.
조금씩 작아지다 사라질꺼라 생각해..

나보다 좋은여자 만나...지...마....

잊는다는 건

_잊어야지,
마음먹어
잊을 수 있었다면
나는 이미 해냈겠지.

툭, 떠오르는 네 생각이
감당할 수 없을 만큼 괴로울 때,
한강을 채울만큼 눈물을 흘려도
마음은 가벼워지지 않더라.

함께했던 순간들은
어쩌자고 이렇게 많을까.
영원할 것 같던 시간들은
왜 이렇게 쉽게 끊어질까.

잊는다는 건
누구도 대신해줄 수 없는 일.
나조차도 어쩌지 못하는 일.
조용히, 서서히,
물기가 증발하듯

천천히 사라지는 일

자니?

- 자니?

이 밤,
모든 불이 꺼진 이 방.
하루 종일 꾹꾹 누른 마음에 불이 켜진 이 맘.

손안의 휴대폰 불빛 아래
더는 견디지 못하고
조심스럽지만 분명하게,
메세지를 보낸다.

"자니?"

그 짧은 물음 속엔
보고 싶은 마음과
궁금한 마음과
너도 나와 같길 바라는 마음이
고르게 담아 네게 보낸다.

"자니?" 라고..

남은 것

가사 없는 재즈 피아노만 듣던 내가
언제부터인가 온 세상 가사가
마음에 닿는다.

누군가의 경험담이 쓰여진 노랫말이
모두 내 얘기일줄이야.

설렘 가득한 구름 위 떠있는 기분부터
높은 습도에 피어난 곰팡이가 가득한
햇빛 한 줌 들어올 틈 없는
쿰쿰한 지하실 공기까지

너 하나 알게 되었을 뿐인데
내게는 한가득 남아버렸다.
분명 스쳐 지나갔는데
정신이 어지러워 아무것도 할 수가 없네

코 끝에 맴도는 그 향기가
귓 가에 맴도는 그 웃음소리가
뇌리에 남겨진 그 모습을
나는 흘려보낼 수 있을까.

비라고 쓰고 당신이라고 읽는다

비 오는 날이면
우산을 함께 쓰고 걷던 그날이 떠오른다.
그때는 세상에 비가 내릴 때마다
늘 당신과 함께일 줄 알았다.

오늘도 비가 끝없이 내린다.
비가 오면 어김없이 당신이 떠오른다.
어떤 날엔 따스한 미소로,
어떤 날엔 아련한 그리움으로,
어떤 날엔 조용한 아픔으로.

유리창을 타고 흐르는 빗물처럼
당신은 내 마음 깊이 스며들어
멈출 수도, 잊을 수도 없다.

비가 멈추면 당신도 잦아들까?
스며든 만큼 조용히 사라질까?

그럼에도 비가 내릴 때마다
당신은 내 안에 쏟아진다.

이젠 비가 당신 같아서
나도 모르게 당신을 생각한다.

나는 당신의 무엇이었을까

나의 질문은
원하는 답이 정해져있거나
짐작되는 답이 있지만 확인하는 과정일지도 몰라.

네게 건네는 질문 속
돌아오는 답변에 대해 속이 시원한 경우는
바라는 게 없거나,
내 마음에 여유가 있어야 할지도 몰라.

네가 답해준 말속에서
내가 원하는 답을 찾아 믿어도 될까?

내가, 당신의 무엇인지에 대해 말야.

너였다.

함께 있어 좋았는데
가고 나니 적적하다.

곁에 있어 당연했는데
가고 나니 소중했다.

내 일상이 너였는데,
어느 순간 넌 내 일상 밖이었다.

너를 나로 생각했고,
그래서 너로 생각하지 못했는데,
너는.. 너였다.

내가 없는 너에게

내 안에는 온통 네가 가득해.
아침부터 밤까지, 틈 없이 채워져 있어.
빈 공간을 찾으려 해도
결국 너로 가득 차 버리지.

아무리 찾아도, 아무리 애써도
내 자리는 어디에도 없는듯 해.
너와 마주할 때면
마치 면접을 보는 기분이 들어.
필요한 사람이 되기 위해
몇 번이고 단어를 고르고, 표정을 연습하지.
그렇게 애써 외면해도 결국 알게 돼.
네 안에는 내가 없다는 걸.

네가 원하는 사람은
내가 아니라는 걸..

참 어리석은

사랑하는지 사랑하지 않는지,
나를 향한 너의 사랑에 대해
명탐정 코난이 되어 진실을 찾고 싶었어.

사실, 말이 안 되는 거더라.

다정한 목소리로 내 이름을 불러 줄 때,
꿀 떨어지는 눈빛으로 바라볼 때,
사랑스러움을 견디지 못해 꽈악 끌어안아주는
따뜻한 품속에 있을 때,
수다스러운 내 이야기에 귀 기울여 들어줄 때,
걷다 보면 어느새 안쪽으로 인도해줄 때,

어쩌면 이런 것들은 표현에 불과하겠지.
어리석게도,
이 모든 게 사랑이었음을 이제야 알게 되었어...

찾고싶은 말

주고받은 말들 속에
진심은 얼마나 담겨 있었을까.

이럴 줄 알았더라면
내가 듣고 싶었던 말을
미리 너에게 보내두었을지도 몰라.

툭 던진 말 한마디가
거칠고 무거워서
내 마음에 상처가 되었어.
"진심이 아니었다"는 변명은
어쩌면 가장 무력한 말일 테지.

마음의 상처는 보이지 않아서
얼마나 깊이 찢기고 패였는지
알 수 없어.

생명체는 자가 치유 능력이 있다던데,
이 마음의 상처도
정말 시간이 지나면 나아질 수 있을까?

우리는 서로를 이해한다고 믿었지만,
말 한마디에 무너질 만큼
취약했음을 몰랐어.

서로의 상처를 알아주고, 보듬어 줄
그런 말을 찾고 싶어.
그래야 잃어버린 것들 속에서도
우리 사이의 소중한 무언가가
끝내 무너지지 않을 테니까.

탓

내 탓이 쉬워서 내 탓을 한다.
니 탓을 하기엔 니가 너무 귀해서
차라리 내 탓을 한다.

나는 당신의 무엇이었을까

나의 질문은
원하는 답이 정해져있거나
짐작되는 답이 있지만 확인하는 과정일지도 몰라.

네게 건네는 질문 속
돌아오는 답변에 대해 속이 시원한 경우는
바라는 게 없거나,
내 마음에 여유가 있어야 할지도 몰라.

네가 답해준 말속에서
내가 원하는 답을 찾아 믿어도 될까?

내가, 당신의 무엇인지에 대해 말이야.

마음과 마음

8.
특별한 순간

온통, 다

사방에 핀 꽃들이
다 당신인가봐요.

사방에 뜬 구름이
다 당신인가봐요

사방에 불어오는 바람이
다 당신인가봐요

하루 종일
주구장창
이러면 곤란한데
또 멈출수도 없어서
온통 당신을 생각합니다.

물음

잘 잤어?
밥은 먹었어?
기분은 어때?
아픈 곳은 없어?
무슨 일 없었어?

하루를 물어오는 너에게
기다렸다는 듯이
우르르 하루를 쏟아낸다.

돌아오는 답에서
혼자였던 시간들에게
혼자가 아니었음을 알려주네.

틈틈이, 때때로
문득 떠오르더니
오래 머물고,
그러다 무얼 하고 있는지 궁금해하다
그새 보고 싶어졌다.

나는 늘 네 마음이 궁금하다.
나는 너로 인해 행복한데,
너도 나로 인해 행복한지.

표현

지금 말하지 않으면
온전한 감정은
무덤 속으로 파묻힌다.

지금 드러내지 않은 감정을
오랫동안 묵혀두고
꺼내어 선보이면
쪼잔한 사람이 되기 십상이다.

성숙해진다는 것은
마음속 감정을 조리 있게
표현할 줄 아는 법을
배워가는 것이 아닐까?

사랑을 하니

사랑을 하니
상술이라 욕했던 나도
어느새 초콜렛을 장바구니에 담고 있더라

사랑을 하니
어떻게 하면
네가 함박미소를 지으며
좋아할까
한참 전부터 행복한 상상을 하고 있더라.

사랑을 하니
세상 모든 것의 의미가
너로부터 시작되더라.

사랑을 하니.. 그렇더라.

1~10

너를
얼마나 좋아하는지 물어온다면,
그것은 마치
살면서 몇 번 웃어 봤는지
세어 보라는 질문과 같다.

너의
어떤 점이 좋은지 물어온다면,
그것은 마치
지금껏 먹어본 음식 중
맛있다고 느낀
음식을 모두 나열하라는 질문과 같다.

아무리 표현력이 좋은 나여도
너를 얼마나 사랑하는지
설명할 수 있는 표현은
아직 익히지 못하였기에
그러니 나는
너를 만날 때
가장 환하게 웃을 수
밖에 없다.

끄떡없지

집안으로 들어오는 햇살에 속아
봄이라 착각하고 적당히 입고 나왔더니
가벼운 옷차림
혼을내듯 바람이 불어오네.

그의 정성으로
가진 옷자락 모두 여미니
이제 좀 살것같군.

불어오는 바람도
우리 사랑을 막을 순 없지.

더 세게 불어봐라.
우린 더 가까이 붙어있지.

얼굴을 떠올리면

문득 당신이 생각나,
보고 싶은 얼굴을 떠올려 봅니다.

눈을 감았다 뜰 때마다 덩달아 움직이는 속눈썹과,
반짝이는 별이 담긴 듯 예쁜 눈동자가 떠오릅니다.
웃을 때 휘어지는 예쁜 눈매까지도 말이죠.

무언가에 집중하고 있는 당신을 생각하면,
자신도 모르게 꼬옥 다문 입술에 시선이 머물게 됩니다.

그 입술로 음식도 먹고, 생각을 말하고,
당신의 입술이 내게 닿을 때,
이 순간 가장 행복한 여자가 됩니다.

우리 또 만나면 그간 보고 싶은 애틋함을 담아
더 깊게 끌어안을까요?
우리 마주 보게 되면 그간 그리웠던 만큼 더 깊이 바라볼까요?
쑥쓰러워 제대로 바라보지 못해 만남 끝엔 아쉬움이
한가득이지만,
다음엔 그럼에도 불구하고 용기 내리라 다짐합니다.

자동 MOON

잠이 오지 않는 밤
네 생각으로 가득한 밤

떠오른 그대로
둥둥 떠다니도록
가만히 바라보는 밤

설명하지 못해
전하지 못할
그렇고 그런 날.

사랑을 하니

사랑을 하니
상술이라 욕했던 나도
어느새 초콜렛을 장바구니에 담고 있더라

사랑을 하니
어떻게 하면
네가 함박미소를 지으며
좋아할까
한참 전부터 행복한 상상을 하고 있더라.

사랑을 하니
세상 모든 것의 의미가
너로부터 시작되더라.

사랑을 하니.. 그렇더라.

특별한 순간

9.
나의 사랑에게

작은 손으로, 작은 품으로

긴 하루의 끝에도
다정한 그대가 있어
모든 걸 내려놓고
포근히 잠들 수 있어요.

그대의 고단한 하루의 끝에도
내 작은 손이라도 괜찮다면
내 작은 품이라도 괜찮다면
이리 와 편히 쉬어요

깊은 숨을 내쉬어도 괜찮아요
깊이 잠들어도 괜찮아요
내 작은 손으로 혼란을 다독이고,
내 작은 품으로 가득 안아줄게요.

이 순간,
그대의 하루 중
가장 편안한 시간이 되도록
내가 안아줄게요.

내가 꽃이라면

내가 꽃이라면
잠든 순간에도 아름다울 거야.

내가 꽃이라면
누군가의 환호가 영양분이 되어
오래도록 피어날 거야.

내가 꽃이라면
시들어가는 순간이 아쉬워
다시 피어나려고 애쓸 거야.

내 아름다움을 알아채고 다가와 준
그 마음이 예뻐서,
더 자세히 보려고 용기 내어 준
그 모습이 사랑스러워서.

누군가의 관심을 받는 순간
쌓였던 피로가 사라지고
가장 빛나는 꽃이 될 거야.
그리고 다시 피어날 거야.

나로 인해 활짝 웃던
너의 표정을 다시 보기 위해.

사랑하는 것

부스스한 얼굴을 마주하고
밤 새 잘 잤는지 안부를 묻는 것.

목마름을 알아채고
물 한 컵에 마음을 담아 건네는 것.

서둘러 벗어던져진 신발을
짝 맞춰 가지런히 두는 것.

함박미소가 보고 싶어
B급 개그를 선보이는 것.

하루의 고단함을
온전히 안아주는 것.

하고 싶은 말

내가 하고 싶은 말은
늘 목 끝에서 멈춘다.

단순한 안부조차
조심스러워
몇 번이나 지웠다 썼다를 반복하고,
결국은 보내지 못한 채
내 손 안에 남겨둔다.

너무 많은 말이
너무 깊은 마음이
너에게는 무거울까 봐.

전하지 못한 마음은
시간이 지나면 옅어질까 싶어도
그리움은 오히려 선명해진다.

네가 알아채 주기를 바라는 나와
그저 숨기고 싶은 내가
서로 부딪히며 흔들린다.

언젠가 닿는 날이 오거든
그땐, 망설이지 않고 말할 거야.

너를 생각하며 썼던 모든 말들을.

당연히

사람을 좋아하지만,
마음을 여는 건 내게 어려운 일이야.

다정한 사람이 되고 싶은 건,
마음속 울퉁불퉁한 모습들을 보듬고 다듬어
따뜻한 사람이 되고 싶어서야.

솔직한 마음을 전해도 될까,
한참을 고민하고 또 외면해 보고,
용기를 냈다가 두려워 끙끙 앓고 있는 시간을 보내는 동안,
알게 되었어.

어쩌지 못할 정도로 널 생각하고 있더라.

너를 좋아하는 이유를 물으면,
네가 가진 귀여운 모습을 기억해두었다가
다 말해줄 거야.

마음을 열려 노력하지 않아도,
다정하려 애쓰지 않아도,
언제부턴가 너에겐
당연히 그런 내가 되더라.

한 켠이면 돼요

내 몸 하나 머물 곳,
내 맘 하나 머물 곳,
내가 편히 쉴 수 있는 곳,
그저 한 켠이면 돼요.

호기심 많은 내가
세상을 구경하며 돌아다녀도,
세상에 비하면
작고 작은 이 한 몸이
돌아와 안길 수 있는 곳,
그저 한 켠이면 돼요.

눈을 맞추고
마음을 나누며
서로의 온기를 느낄 수 있는 곳,
그저 한 켠이면 돼요.

아주 작아도 괜찮아요.
그곳이 당신이라면.

매력발산(부제 : 나 벚꽃이야)

그동안 어땠냐고?
적막이 흘렀었어
끊임없이 말이야 -

어스름한 새벽에서
한참을 헤어 나오지 못했었지.

얼마나 기다렸을까
태양과 함께 찬란한 아침햇살이
찾아왔어.

어둑했던 구름이
언제 가득했나 싶을 정도로
아무렇지 않게.
단 한 번도 고독을 겪지 않았던 것처럼 -

아! 사실은 말이야
네가 오면 보여주려고 아껴뒀었어.
그 누구에게도 ...

생각이 나더라

햇살이 투명하게 쏟아지는 날이면
당연히 당신이 떠오르더라.
"이렇게 좋은 날, 함께하면 얼마나 좋을까."
그저 그런 상상만으로도
마음 한가득 행복이 차오르더라.

우중충한 날에도
자연스럽게 당신이 떠오르더라.
"이런 날, 포근한 이불 속에서
보드라운 맨살을 끌어안고
그저 숨만 쉬어도 좋겠다."
그런 상상을 하다 보면
굳었던 표정이 금세 풀어지더라.

아마도,
당신을 생각하면
행복해지는 게 내겐 너무 쉽나 봐.

지금도 당신을 떠올리며
미소 짓고 있는 걸 보니.

당신은 내게
포근한 바람처럼 스며드는 사람인가 봐.

밤 산책

깜깜한 터널을 걷고 있는 너를 발견했지.
그런 너와 마주한 순간!
이 터널 안.
나 혼자가 아니였다는 사실에 안도했어.

함께 걷자고 말하는 내게
손 내밀어 준 너와 걷게 되었는데,
그 순간!
이곳이 터널인 것도 잊은 채
밤 산책이라 여기는 날 발견했지.

이 터널이 끝나는 지점에서
환하게 웃는 우리를 보고 싶어.
얼마 못가 다시금 터널 속을 걷는다 해도,

너와 함께 걷는 이 길을
밤 산책이라 생각할 테야.

한 켠이면 돼요

내 몸 하나 머물 곳,
내 맘 하나 머물 곳,
내가 편히 쉴 수 있는 곳,
그저 한 켠이면 돼요.

호기심 많은 내가
세상을 구경하며 돌아다녀도,
세상에 비하면
작고 작은 이 한 몸이
돌아와 안길 수 있는 곳,
그저 한 켠이면 돼요.

눈을 맞추고
마음을 나누며
서로의 온기를 느낄 수 있는 곳,
그저 한 켠이면 돼요.

아주 작아도 괜찮아요.
그곳이 당신이라면.

나의 사랑에게

10.
당신이라는 계절 속에서

쓰임

방황하는 눈동자에서
당신에게 필요한 게 무엇인지
금방 알아챌 수 있죠.

수많은 나를 꺼내려면
보고 싶어 하는 당신이 있어야 해요.

나는 그래요.
당신에게 발견되었을 때
비로소 완성이 돼요.

대체 불가

만나고
만나도
금새 보고싶다.

눈을 맞추고
목소리를 듣고
닿아 있어도
여전히 그립다.

만나고
만나도
무엇도
대신할 수 없어
또 네가 보고싶다.

너라는 계절

이 계절이 오면,
내 인생도 절정에 닿을 거라 믿었다.

평범했던 일상이
너의 색으로 물들고,
존재조차 몰랐던 나무에서
너라는 열매를 발견했다.

이렇게 좋으려고.

외로웠던 겨울,
설레였던 봄,
햇빛을 피해 바삐 숨었던 여름을 지나,
마침내 너라는 계절을 만났다.

오래 기다린 보람이 있다.
어디를 보아도 참 예쁘다.

행복해하는 나를 보며,
그런 나를 바라보는 너를 보며,
우리는 사랑하고 있구나.

달 밤

어느 날, 밤하늘에 손톱달을 보고
당신의 빈자리가 생각난 밤.

어느 날, 가는 길마다 총총 따라와
도착할 때까지 동행해 주는 달을 보며
당신의 든든함을 떠올린 밤.

어느 날, 둥그스름한 보름달이
당신의 얼굴처럼 환하게 비추더니
보고 싶은 마음을 떨치지 못한 채
잠이 드는 순간마저
머리 위를 둥둥 떠다니는 밤.

봄의 유혹

아침에 눈을 뜨면
혹시 너에게서 메시지가 왔을까,
부재중 전화는 남겨져 있지 않을까,
핸드폰을 확인하며 하루를 시작한다.

내 마음은 온종일 우왕좌왕,
출렁이는 감정에 휘청이고,
머리는 애써 절레절레 흔들어 본다.

정신 차리고 지금에 집중해야지!
하지만 얼마 못 가
또다시 떠오르는 너의 얼굴.

간지러운 봄바람이
나를 유혹하며 손짓하는데,
정작 함께 놀고 싶은 사람은 따로 있어
모른 척, 가던 길을 마저 가곤 한다.

오늘 하루

당신의 하루는 어땠나요?
당신의 기분은 어떤가요?
오늘, 맛있는 음식 먹었어요?

나의 오늘 속에 당신은
햇살이 반짝이는 창가 쪽 의자에 앉아
틈 없이 빛나고 있었어요.

자기 전, 당신의 목소리를 자장가 삼아
험난한 하루를 마무리해요.
어떤 일이 있었지만 괜찮아요.
어떤 말을 들었지만 괜찮아요.

당신의 괜찮다는 말에,
당신의 수고했다는 말에,
당신의 잘했다는 말에,
덕분에 나는 괜찮은 하루를 보냈어요.

없어요

내가 쓴 글을 당신에게 보여줄 수 없어요.
모든 말이 고백이고, 모든 말이 아쉬움이라서.
다른 생각을 하지 못하는 지금은,
새로운 글을 보여줄 수 없어요.

언젠가 마음의 여유가 생겨
다른 글을 쓸 수 있을 때,
아무런 피드백을 받지 않아도 괜찮을 때,
이 글이 꼭 당신을 향한 글이 아닐 때,

당장 찾아오지 않겠지만,
새로운 글을 쓰게 되면 그때,
보여줄게요.

나는 따뜻한 사람이 될 거예요

나는 따뜻한 사람이 될 거예요.

당신과 함께 있을 때도
내가 당신을 떠나 있을 때도

온기가 남아
내가 생각나도록

나는 따뜻한 사람이 될 거예요.

없어요

내가 쓴 글을 당신에게 보여줄 수 없어요.
모든 말이 고백이고, 모든 말이 아쉬움이라서.
다른 생각을 하지 못하는 지금은,
새로운 글을 보여줄 수 없어요.

언젠가 마음의 여유가 생겨
다른 글을 쓸 수 있을 때,
아무런 피드백을 받지 않아도 괜찮을 때,
이 글이 꼭 당신을 향한 글이 아닐 때,

당장 찾아오지 않겠지만,
새로운 글을 쓰게 되면 그때,
보여줄게요.

당신이라는 계절 속에서

에필로그

사랑은 끝나지 않습니다.
이별이 찾아와도, 시간이 흘러도,
마음 한편에는 여전히 따뜻한 온기가 남아 있습니다.
기억 속에 스며든 작은 말들,
그날의 공기, 스쳐 간 손끝,
그 모든 순간이 여전히 우리를 살아가게 합니다.

사랑은 때로 아프고,
때로는 말없이 우리를 떠나지만,
그 자리에는 또 다른 사랑이 피어납니다.
우리는 다시 사랑을 믿고,
다시 누군가의 계절 속으로 걸어갑니다.
이 시들이 당신의 어떤 날을 위로하고,
어떤 날에는 미소 짓게 하며,

어떤 날에는 지나온 시간을 따뜻하게 감싸주길 바랍니다.

나는 당신이 왜 이리 좋을까?
그 질문은 여전히 마음속에 머물러 있습니다.
아마도, 당신이 있어서.
그 이유 하나로도 충분할 것 같습니다.